AF598866

Mémoire vive

Marina David-Meyer

Mémoire vive

Recueil

LE LYS BLEU
ÉDITIONS

ISBN : 979-10-422-1255-1

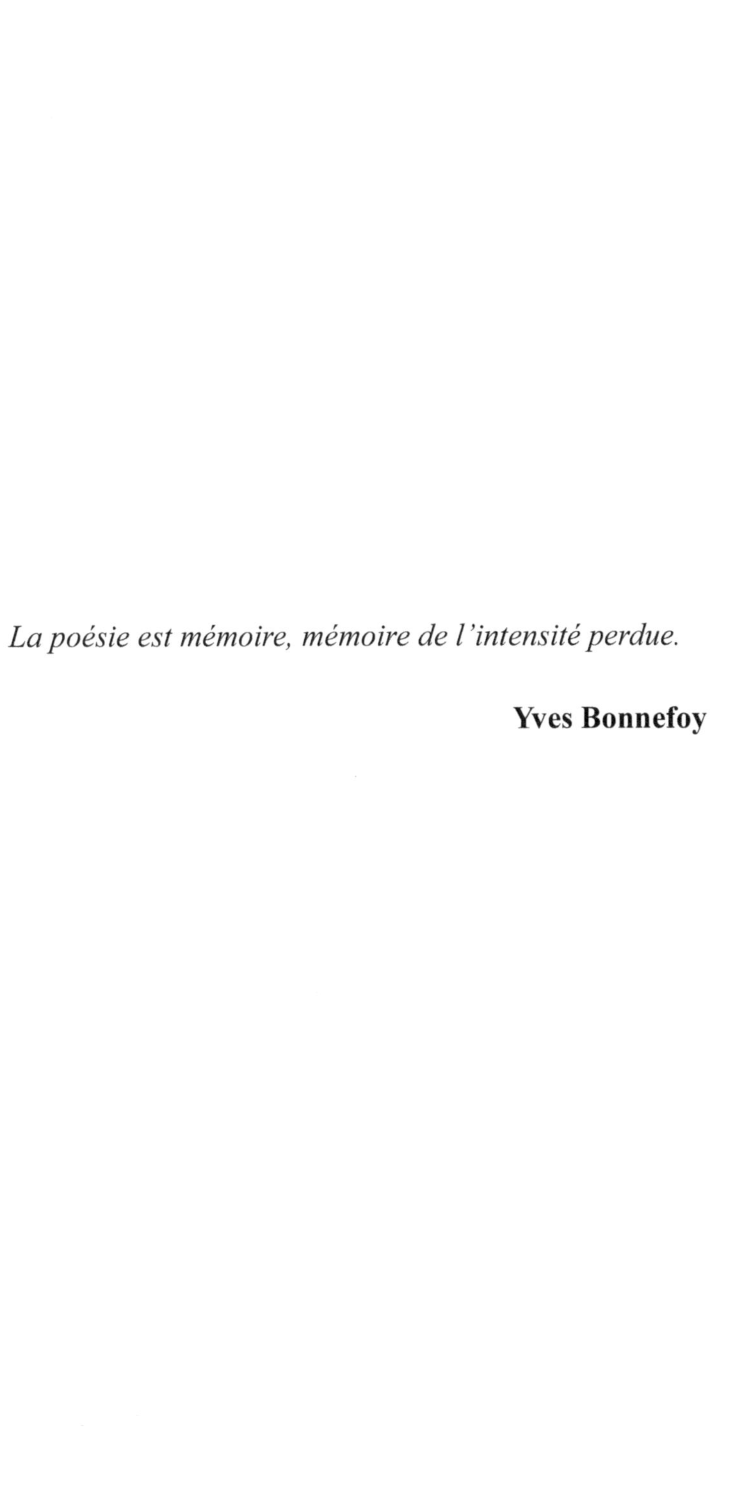

La poésie est mémoire, mémoire de l'intensité perdue.

Yves Bonnefoy

Babylone

Du fond des âges, tu ressurgis
Enkidorou, roi de la Steppe
Qui parcourt la Mésopotamie.
Tu as combattu Gildamesh
Va à Alep
Sauras-tu combattre les nouveaux tyrans ?

Aura

Poursuis ton voyage,
Vogue vers l'Est,
Reviens sur tes pas,
Là où s'écoule le delta
Là où un soleil ardent
Fait étinceler la blancheur miroitante et le cône d'or,
Diffuse son éclat à la reine qui venait de loin
Et dont l'aura aurait pu briser d'un regard éclatant
L'acier et l'orage de leurs armes léthales.

Balkaniques

Entends-tu le cristal de la cithare ?
Orphée est venu de son lieu isolé où il chantait sa peine.
Il pleure sa bien-aimée retenue aux enfers.
Il joue pour ton plaisir,
Partage avec nous la lumière de son art.
Il est le fils du roi de Thrace et de la muse Calliope.
On dit aussi de lui qu'il est le fils d'Apollon
Qui le combla de dons multiples, interlopes,
Il reçut une lyre, instrument à neuf cordes, il en ajouta deux,
Les sept muses auxquelles appartenait sa mère
Dansèrent alors au son de la suave balkanique.

Île d'amour

Sauras-tu accoster cet
Amour et le comprendre ? Va lui parler.
Pourras-tu ? La poétesse chasse le doute.
Hier et encore aujourd'hui, elle te dira :
Oui, aimer et « avoir raison avec » Baudelaire.

Delphes

Sur l'autel du son
Archers hauts
Bois lustrés
La belle Daphné guide nos pas.
Portée en lice,
Coryphée et lyre.

Belle de nuit

Tolède ! Tu es là, devant moi
Sous l'iris solaire, brunie,
Chaux et pierres, éclats de voix.
Je marche, pupille agrandie
Au fil des rues étroites, me noie.
L'air vibrionne, point de vie.
Le mitan brille, brûle et croît,
Darde les places, les cours, crie.

Attends le soir, viens t'allonger,
Clos les paupières, rien ne cille,
Feux éteints, toute lueur séchée.
Fusent alors de noires banderilles,
Piques vives dans les nuées,
Oiseaux de soleil qui vrillent,
Tournoient, virevoltent, c'est l'été.
Ravivent Mnémosyne, elles brillent.

Illuminés l'Alcazar,
La place de Zocodover,
La cathédrale Sainte-Marie,
La Mesquita del Cristo.
Visions de ces lieux tels quels
Cette nuit, tout redevient beau.
Mon désir vogue, douce aile
S'accroche aux tours, aux pics, aux flèches,
Mon esprit dort, pourtant le cherche,
Cet autre lieu mémoriel.
Il a disparu, évanoui.
L'ancien quartier juif, où es-tu ?
Je te cherche, qui t'a détruit ?
Je force ma mémoire, sais-tu ?
Diaspora toujours recommencée.

Havre de paix

Au creux d'un vallon, un écrin de verdure.
Traversée d'un grand bois, croisées blanches des chemins.
Au détour de la maison de briques rouges, tu surgis.
Enfant, j'y venais. La grande tante tendait la joue.
Gallinacés dans un enclos, ici et là, piochaient l'ivraie et le grain.

Au loin, parfois la brume après la pluie.
Je suis heureuse ici.
Mon fief du Moyen-Âge.
Du fond des pierres, l'as-tu reconnu ?
Inverse les mots, rebâtis l'édifice.

Devant nous à présent se déploie le château
Fort et léger à la fois. Tout est là, tours, créneaux, frontispices.
Dans la cour d'honneur s'élèvent les âges.
La chapelle de Jeanne nous invite, nous appelle.
C'est l'heure du tour de garde.

Franchis le pont-levis et marche.
Reprends le chemin de ronde.
Les cailloux crissent, l'herbe est douce.
Sur le muret, la mauve mousse.
Des violettes cueillies par Eugénie.
Ce soir il fait encore jour et bon.
Descends encore les dernières marches.
Parfums de glaces, gouttes perlantes de rosée.
Marche jusqu'au lac. Embarque sur les nénuphars.
La table est là, ombrelle de paille.

Le soleil joue pour nous.
La lumière danse sur l'ocre des tourelles.
Il fait doux.
Flots de musique.
Tu es là.

Nuit d'orage

Nuages lourds dans un ciel ombrageux,
Rafales de vent mordant le froid,
Les ifs plient, se tordent, temps furieux.
Chemins tortueux, les sabots se noient.

Dans la boue coulée sous une pluie battante,
Les cols des montures ploient, chevaux blancs,
De gris, de brun et de noir, ils déchantent,
Ces dames et messieurs, à ce pas trop lent.

Lointain édifice Renaissance, mois
De novembre venteux et froid, la nuit
Engloutit la belle demeure, vois
Ces tourelles ; Ce fronton, seul luit.

Deux seigneurs, de deux dames tiennent la main,
Se sont donné rendez-vous, à présent,
Les carrosses se fraient un lent chemin,
Passer la soirée, attendre patiemment

De repartir le lendemain. Céans,
Parlent, échangent et devisent de tout.
Sifflement et cris du vent, je n'entends
Pas distinctement chacun d'entre vous,

Mais ce dont je me souviens, gente dame,
Marguerite, sœur du roi, claire voix,
Tu consignais sur le vélin, ces âmes
Femmes, créatrices et libres, comme toi.

Guernesey

Main posée sur le muret lisse,
Gouttes d'eau brumisante
Tourbillons iodés et bleus flots,
De mémoire qui submergent,
Mon esprit, la naïade me dit,

Regarde au loin, il y a l'île,
Le havre de son âme meurtrie.
Fuir le diktat de cet autre César
Rallumer les lumières, écris,
Victor, à jamais tu luis.

Regarde ! Me crie-t-elle,
Là sur ces hauteurs, la demeure
Tourelles, frontons bleus et blancs
Essences nouvelles, genêts,
Gothique cadre, huisseries,
Dis-moi, chère Léopoldine.

L'Île du Diable

En mémoire de Dreyfus

Sur cette île, point de salut,
À cette heure, tout est à nu.
Murs, friche, quelques palmiers.
Indiens Galibis, nulle vie.
Les colons les en ont arrachés.
Saccagé la nature en mue.
Nulle voix, nul bruit, tout s'est tu,
Emporté par les alizées.
Entends-tu ? il rit, l'esprit du mal,
De jour comme de nuit, il a vécu
Là, les pires heures, à nu,
Sa souffrance à peine criée.
De nuit comme de jour, c'est notre combat.

Île de beauté

Laissez ces bluettes, pas trop surannées,
Exit, voici de nouvelles ères
De vos créations soyez vrais, fiers.
Étouffez larmes, soupirs éthérés.

Vers d'autres cieux voguez Parnassiens
Paris, Bruxelles, Londres, toute l'Europe
Dans les cafés, brasseries, interlopes,
Pensez, écrivez, joignez vos mains.

Élargissez le cercle apparu,
Toi aussi cher Rimbaud tu es venu
Sur cette île, prends le train bleu des fées.

En toute saison, d'hiver en été,
Dans le paradis des mots, point de maux.
De la beauté, rien que de la beauté.

Voyance

Allume la lampe, éteins toutes ces clameurs,
Fais la nuit autour, nul bruit, il va venir, attend.
Il vient ce cher voyant, il n'a que dix-sept ans.
Des visions palpiteront mais n'aie nulle peur.

L'esprit du projectionniste sera avec nous,
Tu vas voir enfin un monde hallucinant,
Lettres, couleurs et formes tourbillonnant,
Jongleur de mots bleus tu créeras des rêves fous.

Il guidera dans les remous de la mer,
Son bateau ivre, n'aie crainte, il tient la barre,
Exit la saison en enfer, à présent il part,

Illuminations ! Portez cet enfant fier
Apaisez de vos mots les maux,
Dont il a souffert, hissez haut !

Berges de la Meuse

Sous le pont noir coule la Meuse,
Heures paisibles, seuls les cris
Des enfants qui sautillent et jouent.
Ils sont venus de Charleville,
Insouciants avec leurs mères.
Un autre, grand, blond aux yeux bleus
Leur sourit de loin puis s'efface.

L'heure sonne, c'est le tocsin.
Les enfants cessent leurs jeux,
Un son inconnu, ils prennent peur.
Dans la ville de Verdun, là,
C'est la stupeur, les cloches brûlent.
Les maisons une à une se vident.

Bientôt la mitraille va trancher
Des sillons noirs, sous le feu.
Schrapnells et sourds Lebel fusent.
Un jeune conscrit sur le pont,
À peine vingt ans, épuisé.

Des décennies ont passé, vois
Mon aïeul, cette médaille au mur accrochée,
D'où vient-elle ?
Ah, d'une époque bien lointaine…

Pourquoi ces lieux, qui t'a détruit ?
Non, je ne peux te raconter,
J'ai perdu les mots, trop de maux.

Prends plutôt ce livre, posé
Sur cette chaise, lis Rimbaud.
Grâce à lui, tu voyageras.

Loin d'ici ; N'oublie pas de prendre
Avec toi, son bleu paletot.

Feu sur la terre

Archipel urbain
Barrières dressées
Solitude de l'homme
Sa proie ne le voit
Coups de feu, éclatent
Stupeur.

Folles

Des boules de feu incandescentes
Éclatent, fusent, golem soufflant
Filles de l’enfer
Le premier cercle, folie.

Été brûlant

Nous sommes revenues mes sœurs et moi.
La nature a repris ses droits.
De hautes herbes filent le long des voies,
De blonds épis relient tes boucles brunes,
Et viennent se fondre dans nos trois cœurs.
Les plis verdoyants de ta robe volettent.
C'est toi !
Mais il y a ces rails.
L'acier et le cuivre réfractent les raies
De l'astre brûlant ; Ce n'est pas le soleil.
Mutation, dévoiement, étoile flétrie
Des spirales rouges, lames affûtées
Les songes les plus noirs, fous, nous assaillent.
Elles entaillent, soufflent les pires braises.
Pourquoi ?
« Merveilleusement nées » de toi,
Femme debout, belle et fière, notre mère.
Mais la foudre frappe. Des crosses, les cris
Nous arrachent à toi, coupées, puis hachées.
Barbelés de leurs voix, grilles lancées.
Un pan de tissu vert mis en lambeaux,

Arraché – arrachées.
Prière de nos mains, mais c’est en vain.
L’acier brûle encore, pieds, corps et cœurs.
TU T’ÉVANOUIS AU LOIN.

Silences…

Chante sur les chemins

Nous étions des oiseaux perdus ici,
Dans le ciel de la vie,
Cherchant la lumière à l'infini.
Nous allions par tous les chants sans fin,
Glanant ici et là les notes et le regain,
Les yeux grands ouverts en quête du frêle brin,
Parcourant les sillons tendres de la musique,
Caressant l'espoir d'un renouveau, ludique.
Sur les chemins nous allions, pauvres hères,
Glaneuses et glaneurs, n'ayez plus peur d'hier.

Gamme musicale
Espoir en toi
Rebirth, rebirth
Ode qui se dévoile
Naître ton être
Espoir en toi

Mot après mot, guérisons des maux de la vie
Une nouvelle ode a forci, elle nous nourrit
Sur tous les chemins, là-bas, au loin ou ici.

Égrenez les notes, formes et couleurs,
Rien que pour votre bonheur, voyez à cette heure,
Le rideau de nos regards s'est entrouvert
Sur un espace où s'ouvre l'esprit, parfois se perd.
Les affres de la mémoire se sont évanouies, j'espère…

Musiques…

Soir

Toi musicienne,
Soie de chevelure bleue
Pour nous, joue ce soir.

Ehru

Serais-tu cette
Euterpe ? Espères-tu ?
Son du soir, ehru.

Unique

Ultime note
Tintement mauve de l’ut
Glissement, songe.

Isadora

Isthme de nos esprits, toi qui es vraie,
Seras-tu là ?
Arpège de ta chevelure de jais
Denys ! Attelle les chevaux !
C'est le moment de partir.
L'or du doux tambourin sonne,
Jouez mes beaux.
L'appel des routes et des chemins,
Isadora, mémoire de toi.

Moon

La lune
Apparaît dans la lumière
Eau forte
Des draps de limbe
Écrivent des vagues de mots
Miroirs du soir.

Kalahari

Bruissement
Ocre aveuglante
Le félin vient
Point de grâce
Bruit de lutte
Poussière étoilée
Sang (phonie) des animaux.

Troyennes

Ouvre la porte de l'Est,
Tu découvriras un site ancestral,
Des murailles claires,
Striées par l'azur de la mer Égée,
Non loin, au nord-ouest de l'Anatolie.
Aujourd'hui Hisarlik, hier Troie,
Submergée par les vagues de l'histoire,
À nouveau ressurgie.
Travail de la mémoire
Infinie archéologie
Tu combles nos vœux.
Retrouver le grand souffle des hauts lieux.
Au cœur de l'ancien théâtre, j'entends leurs voix.
Hermione chuchote à l'oreille d'Hélène.
Mère, vois, ils ont dévoilé la cité de nos pères.

Maliennes

Sur ce tarmac brûlant, des ailes bleues,
Blanches et rouges, trois traits dans l'azur ont fusé.
Dans la carlingue affûtée, j'ai vu
Ces rangées de corps et de visages assoiffés.
Impatients d'arriver, de retrouver,
Le sol bien-aimé.
D'autres comme moi, simplement découvrir là,
De fouler du pied une autre poussière,
Sentir sur la peau le souffle chaud,
Une autre atmosphère.

Engouffrée, seule dans Bamako
Je déambule, les corps encore, la vie,
Flamboie et croît, m'avale
Je n'ai pas peur, c'était avant.
Avant l'embrasement, sidération.

Grande case blanche, qu'es-tu devenue ?
J'y ai vécu.
Les djembés, le temps de l'été incessant
Le rotin des assises, le blanc doux et lisse

Des voilures enluminures
Fluides, légères.
J'aidais l'homme à l'ouvrage, ils l'appelaient « boy »
Moi jamais.
Il y a des mots qui désagrègent.
Mais ne voleront pas votre âme.
À présent, ce sont tes filles, doux homme
Et leurs filles, émiettées, ensablées vivantes.

Avalées sous les voiles noirs de l'hydre.

Afghanes

Montagnes de beauté
Avalanches de routes
Sinueuses, caillouteuses.

Escarpement, au détour,
Regard vif vert d'une enfant
Iris cerclé d'un trait d'agate.

Au-delà d'Ispahan
Et maintenant,

Pierres lourdes, bure de la matière,
Robes de misère et de prison,
Étouffent, ligotent la parole
De ces femmes et de leurs filles
L'amande bleue enfouie.

Yémen

Roches rouges, naturelles
Petites filles du soleil
Jouent au creux de leur abri.
Il est tôt, mais,
Se hâter maintenant, c'est l'appel de l'eau.
Jarres posées sur leurs fronts.
La terre d'Afrique est lointaine, mais si
Tu franchis la mer jusque l'Érythrée,
Tu verras les mêmes rites se répéter.
Leurs pieds glissent sur la rocaille sèche,
Les graviers crissent sous leurs pas assurés,
Roulent les pierres amoncelées.
Des herbes dures griffent leurs sourires,
Qui se fraient un chemin vers nos cœurs.
Qui pour les voir et les entendre ?
Soulager leurs larmes, âmes bombardées ?

Douces d'Alger

Gravis les marches à mes côtés,
Les murs blancs encadrent de leur opale
Ton visage léger
Allonge le pas, déploie les voiles
Parées des senteurs du lilas neuf
Du linge frais à la brise du jour.
Le soleil darde au loin sur la mer,
Nous irons nous y plonger, patiente.
Appuie-toi sur mon bras si tu peines à marcher
Petite douce Algérienne,
Je t'emmène jouer avec ma fille marocaine.

Reine du désert

Mère, ton visage
Doucement illuminé
Maintenant, dans le sable du Rajasthan
Rose du désert
Les cristaux de ton iris vert
Brilleront à jamais.

Raja

Chœur des brises
Titouan.
Ombrelles de pailles
Plis argentés de l'eau le soir
Sous le soleil « exactement ».
Ma REINE.

Princesse

Beauté des îles
Proches du Brésil
Douceur des boucles
Amande des yeux
Silhouette longue
À nulle autre pareille.
Suis ta route,
Ici ou là-bas, tu es reine.

À présent

Rien n'échappe aux poètes,
Chaque jour, chaque heure qui passe,
Nous ressentons jusqu'au tréfonds de l'âme,
Vos actes iniques tyrans de tous bords.
D'Est ou d'Ouest, peu importe, pétris de la même boue,
Nous voyons le rictus de vos bouches rouges,
S'élargir et se ramifier, pieuvres de haine.

Écoutez la longue litanie des lieux par elle saccagés :

Bamako, Alep, Kaboul, Yémen,
Vietnam, Indochine, camps des Khmers, Tian'anmen,
Dardanelles, Dresde, Oradour,
Auschwitz, Bergen-Belsen, Treblinka, Sobibor, Srebenica.
Mais non, cela ne vous a pas rassasiés.
À présent, théâtre de vos exactions : Boutcha.

Dans le marbre de nos mémoires, nous graverons ces noms.
Nous ne les oublierons pas.
Rassurez-vous, les vôtres resteront aussi.
Emmurés dans votre haine.
Nous ne pardonnerons pas.
Voyez, nous écrivons.

La lyre d'Orphée a perdu ses cordes,
Par vos coups de canif tranchées.
Cisailles de votre rage noire de feu.
Mais au nom de tous ces enfants,
Que vous avez étouffés sous la cendre,
Cassandre et Calliope me tendent une plume,
Sur le tendre papier, une colombe se pose.
Elle me souffle, sans bruit :
La paix partout crie
Amie, insuffle la vie.

Table des matières

Imprimé en Allemagne
Achevé d'imprimer en octobre 2023
Dépôt légal : octobre 2023

Pour

Le Lys Bleu Éditions
40, rue du Louvre
75001 Paris

www.ingramcontent.com/pod-product-compliance
Lightning Source LLC
Chambersburg PA
CBHW062347010826
49168CB00024B/295

* 9 7 9 1 0 4 2 2 1 2 5 5 1 *